S
1790.

4° S
1790

# LA CHASSE A COURRE

NOTES ET CROQUIS

PAR

CRAFTY

1888

E. PLON, NOURRIT ET C^{ie}, IMPRIMEURS-ÉDITEURS, 8 ET 10, RUE GARANCIÈRE, PARIS

UN RELAIS

LA

# CHASSE A COURRE

S'il est vrai que peu de gens soient en mesure de subvenir aux frais multiples qu'exige l'entretien d'un équipage, — achat de chiens et de chevaux, gages des hommes, location de forêts, etc., etc., — beaucoup, au contraire, ont l'occasion de prendre part aux réunions cynégétiques, chaque jour plus nombreuses, organisées aux portes mêmes de Paris.

Il n'est aujourd'hui si mince seigneur qui n'ait au moins l'occasion d'y figurer comme invité.

La chasse à courre se démocratise comme toute chose, et le temps est proche où les premiers éléments du noble art de vénerie feront partie des connaissances obligatoires professées à la laïque.

Il n'est peut-être pas inutile, au moment où le nombre des

veneurs accidentels tend à se multiplier dans une proportion considérable, de mettre sous les yeux de la jeunesse appelée à fournir à bref délai aux maîtres d'équipage un contingent imposant de futurs invités une sorte de manuel abrégé et panoramique des incidents qui se produisent le plus généralement au cours d'une journée de chasse, et contenant en outre quelques indications pratiques sur la conduite à tenir suivant les circonstances.

Le maître d'équipage, qui fait tous les frais, assume toute la responsabilité et s'expose à une quantité considérable de tracas de toute nature pour procurer à ses invités un plaisir sans mélange, a droit, en retour, à tous les égards de ceux-ci.

Aussitôt arrivé au rendez-vous, l'invité devra donc se faire régulièrement présenter non-seulement à l'amphitryon, mais encore aux personnages les plus considérables de son intimité.

Ces formalités remplies, il aura soin de se tenir modestement à l'écart, et de ne rien faire qui puisse attirer sur lui l'attention.

Dans ce but, il agira prudemment en se procurant un cheval d'une sagesse exemplaire, qui ne rue ni aux chiens, ni aux hommes, ni aux autres chevaux.

Il devra également faire preuve de la plus grande discrétion au moment du rapport, et évitera de troubler, de quelque façon que ce soit, la conférence préparatoire entre veneurs et piqueurs dans laquelle se décide l'emploi de la journée.

Pendant les manœuvres qui précèdent l'attaque, il usera de toute l'autorité qu'il peut avoir sur sa monture pour laisser circuler librement les hardes, et fera tous ses efforts pour n'écraser ni chiens ni valets de chiens.

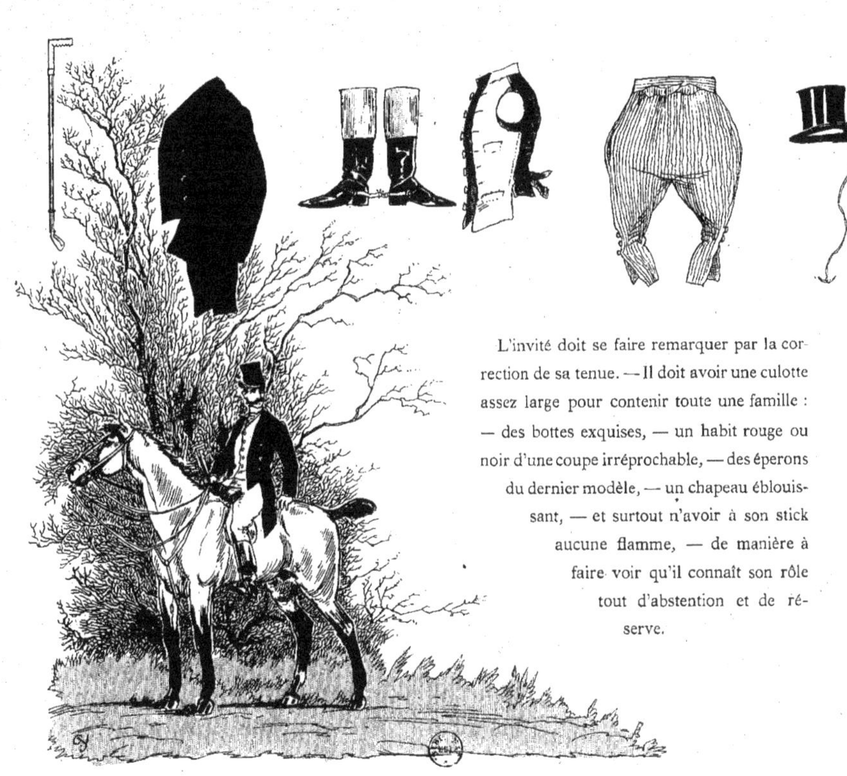

L'invité doit se faire remarquer par la correction de sa tenue. — Il doit avoir une culotte assez large pour contenir toute une famille : — des bottes exquises, — un habit rouge ou noir d'une coupe irréprochable, — des éperons du dernier modèle, — un chapeau éblouissant, — et surtout n'avoir à son stick aucune flamme, — de manière à faire voir qu'il connaît son rôle tout d'abstention et de réserve.

Le devoir d'un maître d'équipage qui reçoit une invitée est tout indiqué. Il doit la mettre sous la direction d'un veneur expérimenté, quoique encore vert, énergique mais prudent, chargé de la guider sûrement, de veiller sur sa sécurité et d'écarter de son chemin toutes les ronces et toutes les aspérités.

Le veneur chargé de piloter une amazone devra s'abstenir de tout ce qui peut rappeler la fantasia. — S'il ne sait pas résister à la tentation de passer un obstacle pour le plaisir puéril de montrer combien son cheval est souple, docile et franc, il est indigne de la confiance qu'on lui a témoignée.

Si une invitée a plus de vingt-cinq ans, elle a toujours droit aux égards les plus respectueux. Mais elle ne doit plus compter sur les attentions délicates auxquelles ont droit ses cadettes. Au lieu de suivre à cheval, elle fera preuve de sagesse en se contentant de moyens de transport plus sérieux, tels que demi-daumont, chaises attelées en poste, etc., voire le coupé fermé.

Si la tenue de l'invité parisien est généralement irréprochable, il est rare que celle de l'invité indigène puisse être recommandée comme un modèle de correction. — Une même préoccupation préside à l'équipement du chasseur local, la recherche de ce qui lui paraît commode; de là une diversité invraisemblable dans le vêtement des hommes, le harnachement des chevaux, etc. L'important est de suivre par tous les temps. L'accoutrement s'en ressent, mais n'enlève rien à l'entrain de ceux qui le portent.

« Se regarder comme deux chiens de faïence », dit le proverbe.

L'intensité de l'examen auquel se livrent ces quadrupèdes, cuits à grand feu, n'est rien en comparaison de la fixité du regard de chasseurs parisiens et campagnards mis en face les uns des autres par un hasard quelconque d'une chasse.

Pour aller au rendez-vous, chacun adopte le système de locomotion qui lui paraît le plus pratique. Les uns vont en voiture, les autres à cheval; les plus sages, quand la chose est possible, par voie ferrée. — Tous les moyens sont bons : la seule considération importante est de savoir si les chevaux qui doivent chasser arriveront frais et dispos au rendez-vous; — d'aucuns pensent que, pour obtenir ce résultat, le meilleur moyen consiste encore à les y conduire soi-même : on sait exactement de quel train ils ont marché, et l'on est sûr qu'ils n'ont couru aucun match, sous un poids indéterminé.

Un système à éviter est celui qui consiste à atteler en tandem le cheval qu'on a l'intention de monter. — Les chemins qu'on doit suivre n'étant pas toujours admirablement entretenus, on a les plus grandes chances de se faire quelque accident avant d'arriver au but. — Comme, la plupart du temps, c'est au cheval attelé en flèche qu'ils arrivent, on court le risque d'avoir son cheval plus ou moins couronné et d'être obligé de rentrer chez soi par les voies les plus rapides, sans avoir vu même le lancer.

L'inconvénient le plus grave de la méthode qui consiste à conduire soi-même au rendez-vous le cheval sur lequel on doit chasser, réside dans l'obligation où l'on est, la plupart du temps, de se lever à des heures invraisemblables.

— Avez-vous bien dormi, cher ami ?

— A merveille, mais pas beaucoup !!!

On appelle *cheval d'invité* un animal insupportable chargé de décourager les indiscrets qui pourraient avoir le désir de s'éterniser chez leurs hôtes.

Ce cheval spécial doit avant tout avoir une bouche d'une sensibilité exceptionnelle et un caractère médiocre.

Si, par surcroît, il possède des réactions impossibles, il réunit tous les défauts désirables.

La pratique de la chasse démontre rapidement combien il est inutile de demander aux indigènes des renseignements sur le chemin à suivre.

Dans la plupart de nos provinces, le paysan n'aime pas les veneurs : surtout s'ils sont Parisiens.

Porter sur soi une carte détaillée de l'arrondissement dans lequel on chasse.

Le seul pays où la recommandation qui précède puisse être considérée comme non avenue est le Poitou, où la haine du loup fait de chaque habitant un auxiliaire des veneurs, auxiliaire souvent aussi passionné que le plus ardent disciple de saint Hubert.

Dans cette contrée exceptionnelle, il n'est pas rare de voir les cultivateurs se joindre à la poursuite, et dételer le bidet de leur cabriolet, ou l'un de leurs chevaux de charrue subitement métamorphosé en *hunter*.

*Bien attaqué! bien chassé!* dit avec raison le proverbe. Aussi l'invité bien avisé devra-t-il se tenir prudemment à l'écart pendant toute la partie préparatoire de la chasse. Il se tiendra à une distance également respectueuse des chiens et des hommes, et se gardera comme de la peste de la tentation de fournir à ces derniers aucun renseignement qui puisse faciliter leur tâche.

Jamais un invité ne doit dépasser le maître d'équipage : c'est une règle de bienséance absolue, à plus forte raison quand ledit maître d'équipage accompagne une dame.

En cas de force majeure, l'invité qui viole cette règle doit saluer au passage

A moins toutefois qu'il n'ait perdu son chapeau.

Par les temps humidés, il est de bon goût de ne pas traverser les flaques d'eau au grand galop de façon à asperger vos compagnons de chasse.

BIBL. NAT. ESTS

C'est un exercice disgracieux pour celui qui patauge dans les terrains détrempés, et désobligeant pour ceux ou celles qu'il éclabousse.

Le moment où l'on découple est un instant solennel, et tous ceux qui assistent à cette importante opération doivent faire voir par leur recueillement qu'ils en comprennent la gravité. Ils feront mieux encore en s'éloignant du lieu de l'attaque.

Ce qui différencie un cheval de chasse des autres spécimens de l'espèce chevaline, ce sont les chemins par lesquels il doit passer.

Là où l'on mettrait au pas tout autre animal, si l'on n'en descendait pas pour le tenir à la bride, il faut qu'un vrai cheval de chasse marche à toute allure.

S'il ne tombe que rarement, il mérite de figurer dans les catalogues de Chéri et du Tattersall, sous la rubrique : « Bon cheval de chasse », ce qui lui assure la continuation de son pénible métier, et une plus-value monétaire qui n'améliore en rien sa situation.

Si le cheval de chasse doit être rompu à toutes les embûches des mauvais chemins, le véritable veneur doit se montrer insensible à toutes les intempéries, et pouvoir galoper pendant un nombre d'heures indéterminé, sous une pluie battante, enfermé dans un waterproof où il cuit indéfiniment dans son jus.

Généralement, le piéton se gare quand il est en danger d'être écrasé. — Le chien de meute agit autrement : quand il se voit rattrapé par un cheval, il s'arrête, et se laisse culbuter avec une invraisemblable résignation.

C'est au cavalier de voir où sa monture pose le pied.

Se procurer des chevaux absolument tranquilles! tel est le devoir de tout invité qui tient à ne causer aucun accident à ses camarades de sport et à ne pas troubler leur quiétude.

Quand on suit en pays inconnu, il est prûdent de s'attacher aux pas de quelque chasseur indigène.

En négligeant cette indispensable précaution, on risque fort de se trouver arrêté par quelque obstacle insurmontable qui vous force à rebrousser chemin et vous empêche de savoir quoi que ce soit des derniers incidents de la poursuite.

Quand on ne voit plus la queue d'aucun chien et qu'on n'entend plus aucun coup de gueule, on s'arrête et l'on prête une oreille attentive.

C'est ce qu'on appelle « écouter aux chiens ». La plupart du temps on n'entend rien, mais tout le monde croit entendre, et chacun dans une direction différente.

Le voisinage d'une ville de garnison assure aux maîtres d'équipage une assistance nombreuse.

La présence de MM. les officiers détermine toutes les amazones de l'arrondissement à braver les fatigues du laisser-courre, et la certitude de trouver des amazones au rendez-vous décide MM. les officiers à ne jamais manquer une chasse.

*Un défaut.* — Le bon côté de ce petit accident est qu'il permet aux chevaux de ceux et celles qui suivent aux chiens de souffler un bon moment, et aux retardataires de rejoindre. Ce qui ne leur arriverait peut-être pas sans cet accroc providentiel.

L'incident ne devient véritablement regrettable que si le défaut n'est pas relevé, — auquel cas, c'est un désastre.

Ces instants d'accalmie sont le triomphe du chasseur prévoyant qui s'est muni d'une gourde savoureuse et de sandwiches savamment préparées.

Il a de quoi calmer les impatiences de l'attente et celles de son estomac.

Après un *défaut*, l'idéal est que l'animal soit relancé à vue, à l'improviste, et non pas à la suite d'un interminable et laborieux *rapprocher*.

Chiens, chevaux et cavaliers ont alors, aussi bien que l'animal de chasse, repris haleine, et la poursuite recommence dans un joyeux *bien-aller*.

*Un débucher*, dans ces conditions, procure un plaisir sans mélange, si le temps est beau, le terrain suffisamment élastique et la température au degré voulu.

On voit les chiens, l'animal de chasse; et, peu à peu, les chasseurs se rassemblent de manière à former un groupe compact de l'aspect le plus agréable.

Si, par contre, *le débucher* a lieu au milieu de labourés détrempés par la pluie, ou durcis par la gelée, il constitue un véritable supplice, qu'il faut avoir subi à la fin d'une chasse déjà longue pour savoir le poids que peut peser la tête d'un cheval sur les bras de son cavalier.

La supériorité de la chasse au sanglier résulte de ce qu'il est permis de la pratiquer après la fermeture et par les temps de neige où la poursuite d'autres animaux est interdite. — C'est la chasse des fanatiques et des intrépides qui ne redoutent aucune intempérie, et méprisent le fâcheux rhumatisme.

*L'animal à l'eau.* — La journée touche à sa fin. L'animal a multiplié ses ruses sans parvenir à mettre les chiens en défaut; — il commence à s'essouffler, et cherche dans la fraîcheur de l'eau un remède à l'épuisement dont il sent les premières atteintes! Mauvais calcul, qui va précipiter le dénouement.

*L'hallali courant.* — Le bain qu'il vient de prendre n'a procuré au malheureux cerf qu'un soulagement trompeur; — le froid a raidi ses membres; — il ne galope plus et trotte la tête basse au milieu des chiens qui le gagnent de vitesse, et ne tarderont pas, quand ils se sentiront en nombre suffisant, à l'appréhender au corps.

*L'hallali sur pied.* — A bout de forces, le cerf s'est arrêté. Tout ce qu'il peut faire, c'est de tenir à distance avec ses bois les chiens qui l'entourent. — C'est le moment où le maître d'équipage désireux de conserver ses chiens intacts doit intervenir et payer de sa personne.

*La mort.* — C'est la fin du drame. — L'animal épuisé préfère le combat à la fuite. — Pour le maître d'équipage qui doit terminer la lutte, c'est l'instant de garder tout son sang-froid. S'il hésite à frapper, sa situation peut devenir critique, car, s'il a son couteau, le cerf a ses andouillers, qui constituent une arme terrible; — aussi conçoit-on facilement le sentiment qui pousse un bon nombre de veneurs à substituer la carabine au couteau.

*La curée chaude.* — Le meilleur moyen de récompenser les chiens des efforts qu'ils viennent de faire et le meilleur encouragement à leur donner pour les chasses de l'avenir. — La curée aux flambeaux est certainement plus décorative, plus théâtrale, mais l'effet en est moins stimulant que ce partage immédiat de la victime encore chaude. — Les chiens comprennent qu'ils chassent pour leur compte et s'acquittent de leur besogne avec d'autant plus d'entrain.

*Les honneurs du pied.* — Se font à la personne la plus considérable de l'assistance, grand personnage ou jolie femme.

Le pourboire princier qui résulte de cette politesse constitue le bénéfice des piqueurs: Mais il faut reconnaître que leur amour-propre de veneurs les stimule bien autrement que l'appât du gain.

*La retraite prise.* — C'est une véritable marche triomphale, exécutée sur un air de bravoure; hommes, chiens et chevaux oublient leur fatigue et les efforts par lesquels ils ont acheté la victoire. — On marche en peloton, et, dès qu'on arrive aux premières maisons d'un village, les fanfares éclatent, annonçant aux populations le succès de la journée. — Tout le monde a d'ailleurs le droit d'être satisfait! Les hommes de l'équipage ont en poche les jaunets du ou de la principale invitée; les chiens ont fait curée; les chevaux savent qu'ils retournent à l'écurie, et qu'une chasse heureuse est toujours moins fatigante pour eux. Quant au maître d'équipage, il est récompensé des sacrifices qu'exige l'entretien de sa meute, de ses hommes et de ses chevaux.

*La retraite manquée.* — Quand au contraire l'animal attaqué a eu le bonheur d'échapper, les chasseurs évitent de se grouper et de traverser en masses compactes les centres habités. — Ils s'isolent volontiers et rentrent incognito chacun par un chemin différent, laissant les hommes d'équipage escorter ces mâtins de chiens qui ont chassé en dépit du sens commun. Ajoutez à l'humiliation de la défaite la fatigue d'une poursuite prolongée jusqu'à la nuit, l'ennui de traîner par la figure un cheval surmené, et la certitude de ne pas dîner avant une heure extrêmement avancée, et vous vous ferez sans trop de peine une idée approximative des dispositions d'esprit dans lesquelles se trouve un veneur en pareille occasion.

Il y a pis qu'une retraite manquée. C'est de perdre la chasse, et, en cherchant à la retrouver, de s'égarer dans un pays absolument inconnu. — Tel est le sort trop souvent réservé aux invités ambitieux qui veulent suivre aux chiens et négligent de s'attacher aux pas d'un prudent indigène.

Il leur arrive de passer toute la nuit à chercher à lire les plaques indicatives placées aux carrefours et de reconnaître au petit jour qu'ils se sont constamment éloignés de leur résidence.

*La rentrée au bercail.* — Vont enfin se coucher, et jouir d'un repos bien mérité!! Mais à quelle heure?

PARIS. TYPOGRAPHIE DE E. PLON, NOURRIT ET C^{ie}, RUE GARANCIÈRE, 8. ENCRES DE LA MAISON CH. LORILLEUX ET C^{ie}.

# ALBUMS POUR LA JEUNESSE

Collection de la LIBRAIRIE PLON

## M. B. DE MONVEL

**LA FONTAINE**

FABLES CHOISIES POUR LES ENFANTS

**VIEILLES CHANSONS ET RONDES**

POUR LES PETITS FRANÇAIS

Notées, avec accompagnements faciles, par Ch. M. WIDOR.

**LA CIVILITÉ PUÉRILE ET HONNÊTE**

EXPLIQUÉE PAR L'ONCLE EUGÈNE

**CHANSONS DE FRANCE**

POUR LES PETITS FRANÇAIS

Notées, avec accompagnements faciles, par J. B. WECKERLIN.

## CRAFTY

**LA CHASSE A COURRE**

NOTES ET CROQUIS

**L'ÉQUITATION PUÉRILE ET HONNÊTE**

PETIT TRAITÉ A LA PLUME ET AU PINCEAU

**LA CHASSE A TIR**

NOTES ET CROQUIS

## MARS

**NOS CHÉRIS**

CHEZ EUX — A LA VILLE — A LA MER — A LA CAMPAGNE
DANS LE MONDE

**COMPÈRES ET COMPAGNONS**

PETITS AMIS
GRANDS AMIS — BONNES CONNAISSANCES

**Chacun de ces Albums forme un beau volume in-4° oblong, richement illustré en couleurs, très élégante reliure toile anglaise, avec fers spéciaux. Prix : 10 francs.**

BIBLIOTHEQUE NATIONALE DE FRANCE
3 7531 03086942 5

www.ingramcontent.com/pod-product-compliance
Ingram Content Group UK Ltd.
Pitfield, Milton Keynes, MK11 3LW, UK
UKHW012108240726
13965UKWH00004B/1624

9 782012 872080